Fallen Paradise
Holy Matter

DIMITRIS KAKALIDIS
FALLEN PARADISE HOLY MATTER
1st EDITION 2016

ISBN: 978-618-5223-07-6

This book is published by **Megas Seirios Publications**, founded by the **Servers' Society Spiritual Centre** based in Athens, Greece. To find more information about the mission, works and activities of the Society and/or to place an order, please visit our website:
www.megas-seirios.com

or contact us at:
9, Sarantaporou Street, Athens, Greece, P.O.: 111 44
e-mail: info@megas-seirios.com
Tel.: +30 210 20 15 194
Tel./Fax: +30 210 22 30 864

Translation from Greek: Dimitris Fragogiannis
Cover and book design: Marianna Smyrniotou

DIMITRIS KAKALIDIS

Fallen Paradise
Holy Matter

Εκπεσούσα Παράδεισος
Ύλη Αγία

MEGAS SEIRIOS
Publications

Dedicated wholly to my wife

Μουσική!
Η ζωή της αυγής
των εσχάτων ωρών,
υποψία του θαύματος χρόνος.
Οι εντολές των ρυακιών·
γρηγορείτε...
Η ανάγουσα θύμηση
στο αέναο ρεύμα
της καθόδου, ανόδου αχός.

Music!
Of dawn the life
of the final hours,
time - the miracle's inkling.
The mandates of streams
quicken...
The uplifting memory
in the endless current
of descent, of ascent the tumult.

Είμαι η Ρεν,
βασίλισσα του σκοταδιού,
η σκιά των σκιών,
η ανάγκη.
Μέσα στην κτίση του παντός
άκτιστη φύση έχω.
Το φως μου αίνος, χάρισμα,
ρήγισσα της ζωής.

I am Ren,
queen of darkness,
the shadow of shadows,
the need.
Within the creation of all
uncreated nature I possess.
Praise be my light, charisma,
sovereign of life.

Ω Βασιλιά μου, κρίνε μου
και πόθε μου το χάος.
Ω των συμβάντων ύπαρξη
στο δράμα της ψυχής.
Άσβεστε λύχνε, τύραννε,
που τύχες καθορίζεις,
είσελθε μέσα, ανάμενε,
θνητός να γεννηθείς.

Oh my King, my lily
and chaos, my desire.
Oh, of incidents the existence
within the drama of the soul.
Inextinguishable lamp, tyrant,
you who determines fates,
come within, await,
mortal to be born.

Το βάθος της γης,
το βάθος του χρόνου,
διάσταση ήλιου
σε νύχτα σιγής.

*The depth of earth,
the depth of time,
of sun the dimension
in a night of silence.*

Άκουσε!
Των ερώτων τα λόγια,
η θλίψη, η πλάνη,
η ψυχή της αβύσσου
σ' αρχέγονη χώρα
μαγεία, χαρά.

Listen!
Of erotes the words,
the grief, the delusion,
the soul of the abyss
in a primordial land
enchantment, joy.

Ερωτική πομπή.
Ανασαίνω.
Η ζωή μου η άλλη,
η μορφή η δική μου,
η ψυχή μου η ξένη
του θανάτου Θεός.

Erotic procession.
I breathe.
My life - the other,
the form - my own
my soul - a stranger
of death the God.

Σιγή.
Τετράεδρος·
των ανέμων ναός,
της θάλασσας μήτρα,
τ' ουρανού η αγκάλη
και η αύρα της γης.

Silence.
Tetrahedral;
of winds the temple,
of sea the womb,
of heavens the bosom
and of earth the aura.

Οι αιωνιότητες
απ' τα περάσματα των στιγμών.
Είμαι η κλεψύδρα,
είμαι η πηγή,
είμαι η γέννηση.
Άλφα τύραννος,
μάγος είλωτας,
ως ηλίων πυλών μου
το αίμα, ωμέγα.

The eternities
from the passing of moments.
I am the hourglass,
I am the source,
I am the birth.
Alpha tyrant,
sorcerer helot,
as my suns' gates
the blood, omega.

Ο κυβερνήτης των αναγκών·
λουλούδια, τραγούδια,
φωνές, ιαχές.
Λάγνα
του έρωτα τα όνειρα,
φωτιά!
Κύριε,
η περίοδος των δεινών.
Κύριε,
η περίοδος της φθίσης.

Of needs the governer;
flowers, songs,
voices, cries.
Lustful
are of love the dreams,
fire!
Lord,
the period of sufferings.
Lord,
the period of decay.

Προπατορικό αμάρτημα.
Επέκεινα της γης,
επέκεινα του νου,
επέκεινα του μύθου,
ιστορία πραγματική.
Ω άσαρκη αλήθεια
αιωνιοτήτων κραταίωση,
το ενδιαίτημα του παντός
ήλιος, χρώματα,
Λόγος μέθεξης,
πνεύμα δαίμονα,
σάρκα άγγελος,
πυρός χώμα.

Original Sin.
Beyond the earth,
beyond the mind,
beyond the myth,
a story true.
Oh, fleshless truth
strengthening of eternities,
the habitat of all
sun, colors,
Word of communion,
of a demon the spirit,
of an angel the flesh,
of fire the soil.

Ω χνάρια μου,
ω χέρια μου,
ω μάτια μου ιερά
και στήθη μου αιματόθηλα,
οι κρήνες της αγάπης.

Γαλουχώ το Θεό,
αναγεννάω τη χίμαιρα,
αναθρέφω τους δαίμονες,
ελεώ τους ανθρώπους.

Oh, my footsteps,
oh, my hands,
oh, my sacred eyes
and my blood-suckled breasts,
the fountains of love.

God I nurture,
the chimera I regenerate,
the demons I raise,
the people I grace.

Ονειρεύομαι,
εκστασιάζομαι στο βατό.
Άβατος χρόνος,
άπατος βυθός,
σύλληψη νόησης,
θύμηση τέρατος,
ύψιστη μέθεξη,
ύλη αγία.

I dream,
at the passable I become ecstatic.
Time impassable,
Depth unfathomable,
inception of intellect,
remembrance of the beast
supreme communion,
holy matter.

Ναυαγός.
Ο Φαέθωνας μύθος,
Οδυσσέας της κοιμωμένης
εννεάπυλος κρίνος,
ροδάνθηλος,
περιστρεφόμενος, ο αμνός.

Shipwrecked.
The Phaethon myth,
Ulysses of the asleep
nine-gated lily,
rose-blossomed,
rotating, the lamb.

Λειτουργία,
αέναη φθορά,
μεγαλείο του άσειστου,
άχρονου θρόνου.
Και οι περιοχές μου,
οι απέραντες θλίψεις,
της έγνοιας μου τα χθόνια,
της ύπαρξής μου λύτρα.

Function,
perpetual decay,
greatness of the unmoving,
timeless throne.
And my territories,
the vast sorrows,
of my concern the chthonic,
of my existence the ransom.

Επιθυμώ.
Είμαι η άσπιλος μέρα
σε νύχτα εωθινή.
Μαγείας πράξη,
κάτοικος της μέθης,
του πυρός ρέουσα,
η αείζωος.

I desire.
I am the immaculate day
within a matutinal night.
Of enchantment an act
of intoxication resident,
of the fire flowing,
the ever-living.

Κραταιά των ηπείρων,
Εκάτη βασίλισσα
του ρυθμού αρμονία,
το αδάμαστο πάθος
σε ασύστολο φως.

Και τραγουδώ.
Ενέχομαι των ασμάτων,
λόγος και ποίηση,
σοφία και πηλός.
Θάλασσα...
Σπονδυλωτά μου τ' άρματα,
τα κύματά μου ρήσεις.

Mighty of the continents,
Hecate queen
of rhythm the harmony,
the indomitable passion
within a blatant light.

And I sing.
I bear the chants,
word and poetry,
wisdom and clay.
Sea...
My vertebrate chariots,
sayings my waves are.

Ωιμένα, η κόρη, η μάνα,
ωιμένα, γυναίκα παντός.
Αλύτρωτά μου όνειρα,
αλύτρωτά μου πάθη,
αλύτρωτά μου πνεύματα,
βασίλεια του Ενός.

Woe, the daughter, the mother,
woe, woman of all.
My unredeemed dreams,
my unredeemed passions,
my unredeemed spirits
kingdoms of One.

Ακούστε με
της άστοργης, της άσπλαχνης
μαινάδας,
της μήτρας της πολύπαθης
που τυραννώ το φως.

Τα μύρια μου παράπονα,
τα άπειρά μου πάθια,
οι αλαλαγμοί μου στεναγμοί,
κρίματα της οργής.

Hear me
of the loveless, ruthless
maenad,
of the tormented womb
which the light I tyrannize.

My myriad complaints,
my infinite sufferings,
moans are my shouts,
pities of rage.

Δικάστηκα, διχάστηκα
στην πλάνη εορτή μου.
Καλώ τους Σειληνούς,
τα φαντάσματα όργια.
Εγώ· η εκμαυλίστρια του Διονύσου,
Πυθία των προφητών,
η κλαίουσα χάρις,
η αδήριτη θρηνωδός,
καλώ τις εποχές,
τις νεκρές μου θελήσεις,
τις αδάμαστες κόρες μου.

I was tried, I was divided
upon my false celebration.
I call upon the Sileni,
the ghosts, the orgies.
I - of Dionysus the seductress,
Pythia of prophets,
the weeping grace
the needed threnodist,
I call upon the seasons,
my dead wills,
my indomitable daughters.

Λαοί μου,
ταίρια, ινδάλματα,
γεννήματά μου στίφη,
απόλυτά μου ερείσματα,
υπάρξεις για να υμνώ.
Χορεύετε και τραγουδώ,
άδετε κι εορτάζω,
λυπάμαι και πεθαίνετε,
γεννιόσαστε και ζω.

My people,
companions, idols,
my offspring hordes,
my absolute footholds,
beings for me to praise.
You dance and I sing
you sing and I celebrate
I grieve and you die
you are born and I live.

Είμαι η μορφή,
η υπόδουλη της αίγλης,
καταισχύνη των αναγκών.
Όμορφά μου παιδιά,
ταπεινοί μου οι γόνοι,
αγαπώ και βιάζομαι,
εξασκώ τον ειρμό,
εθελούσια μύηση
στην ακούσια πράξη
της αρίθμητης τάξης,
των ταγμάτων τροφός.

I am the form,
of glamor the enslaved,
of needs the shame.
My beautiful children,
my humble descendants,
I love and hurry,
the coherence I practice,
voluntary initiation
within the involuntary act
of the countable ordering,
of the orders nurturer.

Μυούμαι!
Κατηχούμαι των δυνατών,
εξάπτομαι και αναφωνώ.
Μάθε με, γνώρισε,
θέλησε, ζήσε.
Ύπαρξη, τέλεση,
σκότος και φως.

I am initiated!
I am catechized by the strong,
I flare up and exclaim.
Learn of me, experience,
want, live.
Existence, enactment,
darkness and light.

Αιρετός,
ο ηθελημένος ενάρετος,
γαλήνη ακούσια,
θανάτου σεισμός.
Δεν ησυχάζω, ευελπιστώ,
αναμένω.
Στην αξιολόγηση της άρνησης
συνεπίκουρη του κακού,
η θεά του αγαστού,
στου τρελού την ντροπή
του σαλού η δικαίωση είμαι.

Elected,
the intentionally virtuous,
serenity unintended
of death the earthquake.
I do not settle, I hope,
I await.
In the evaluation of denial
assisting of evil,
of the admirable the goddess,
at the madman's shame
the wise fool's vindication I am.

Και γίνομαι η λαίλαπα,
του μύθου η κραιπάλη,
του δίσκου η χορεύτρια,
της πόρνης η αρετή.

Σαν τα μάτια μου μάτια,
σαν τα χείλη μου χείλη,
σαν του πνεύματος πνεύμα,
σαν μητέρα οργής.

And the whirlwind I become,
of myth the debauchery,
of the disc the dancer,
of the whore the virtue.

Eyes as my eyes,
lips as my lips,
spirit as the spirit,
as of rage a mother.

Διάγω...
Εν υπερθέτω χρόνω,
η υπερτέρα του λίκνου,
αξιοτέρα των δισταγμών
η ευθυνομένη της λήθης.

Των αστέρων οι ύμνοι,
των θαυμάτων οι κρίνοι,
Αμήν.

I live...
In superimposed time
the superior to the cradle,
worthiest of hesitations
the liable of oblivion.

Of stars the hymns,
of miracles the lilies,
Amen.

Των λαών μου οι πόθοι,
της δουλείας μου μόχθοι,
Αμήν.

Διάγω,
εν εαυτώ υπαινίσσομαι
και τα μυστήριά μου τα λιλά,
των ωαρίων μου τα χρωμοσώματα
ουράνια τόξα είναι.
Τα συναισθήματά μου,
οι κρίσεις μου,
τα σπερματοθαύματα,
του νου μου νάματα,
αγγέλων τάγματα,
κάστες δαιμόνων.

Of my peoples the desires,
of my slavery the toils,
Amen.

I live,
into myself I insinuate
and my lilac mysteries,
of my ovums the chromosomes
rainbows they are.
My emotions,
my judgments,
the seminal-wonders,
of my mind the teachings,
orders of angels,
castes of demons.

Ύλη η αιρετή·
η εκπεσούσα παράδεισος,
η εξέχουσα των αναγκών,
η απειράριθμος μία.

Των λαών μου οι θλίψεις
των πνευμάτων οι τύψεις,
Αμήν.
Η ζωή μου η άλλη,
η ψυχή μου η μεγάλη,
Αμήν.

Matter the elected;
the fallen paradise
the prominent of needs,
the innumerable one.

Of my peoples the sorrows
of spirits the remorse,
Amen.
My other life,
my soul the great,
Amen.

Διαισθάνομαι και ριγώ,
ανατέμνω·
τα προαιώνια δεσμά,
με τη μέρα, με τη νύχτα,
με το χάος, το φως.
Και είμαι κενή,
ύλη η θεία.

I sense and shiver,
I anatomize;
the eternal shackles,
by day, by night,
by chaos, by light.
And I am void,
matter divine.

Βαφτίστηκα στα ύδατα της άγνοιας
και η ντροπή
το πρόσωπο κατέκλυσε
της πάναγνης μορφής μου.
Και μεγαλώνω,
είμαι ζωή,
γίνομαι κρίνος άγγελος
κι αδιάστατος αιώνας.

I was baptized in the waters of ignorance
and the shame
the face overwhelmed
of my immaculate form.
And I grow,
I am life,
a lily angel I become
and a century dimensionless.

Εκλιπαρώ.
Ω των αστέρων ένθετη
η έκθετη πνοή μου,
της αβύσσου το τάμα
παραδείσιο θαύμα,
Αμήν.
Τη ζωή των ωρών μου,
την ψυχή των μερών μου,
Αμήν.

I supplicate.
Oh, inlaid in the stars
my breath laid bare,
of the abyss the oblation
heavenly miracle,
Amen.
The life of my hours,
the soul of my parts,
Amen.

Εκθέτω το άδηλο,
κατηχώ τους σαπφείρους
και μελετώ
τα ψηφία της σύνθεσης,
τα σκηνώματα σύμβολα,
την εικόνα του οίκου.
Εγώ η αρχή,
η αιωνία της χάρης,
του απείρου η δύναμη,
των συμπάντων κρυψίνοια,
των ιδόντων με
ήλωσις είμαι.

I expose the unrevealed,
the sapphires I catechize
and I study
the digits of synthesis,
the relics symbols,
the image of the house.
I, the beginning,
of grace the eternal,
of infinite the power,
of universes the concealment,
of the ones who saw me
the riveting I am.

Και ενέχομαι
στις απειροσύνες της σύλησης,
εγκάθετη των ναών μου,
η ακάθεκτος ρέουσα δύναμις
της ασύλληπτης φύσης μου.

And I am charged
with the infinities of despoilment,
deliberately placed upon my temples,
the fiercely flowing force
of my inconceivable nature.

Δράση.
Υπόνοια αγαστή
προ των πυλών μου η άκριτος,
η αρμονία του οίστρου.
Περιζώνω το εαυτού,
δουλεία, έργο σύζευξης
ετέρων των μερών μου.
Απογύμνωση ιδεασμού
του αναθήματος η αναφορά.

Action.
Notion admirable
before my gates the thoughtless,
the harmony of oestrus.
I engirdle the self,
slavery, a task of conjugation
of my other parts.
The denudation of ideation
of the offering the report.

Και κατέχω τον ήλιο
Και κατέχω τη μέρα
και κατέχω το χάος,
του Λόγου βουλή.
Κύριε,
ενεφύσησες τους ρυθμούς.
Η περιδόνηση Λόγος,
η κατιούσα το κράτος,
η υπερτέρα του νου.

And the sun I possess
And the day I possess
and the chaos I possess,
the will of the Word.
Lord,
you breathed the rhythms.
The vibrancy Word,
the descending the force,
the superior of the mind.

Εναλλάσσομαι ο απολωλώς.
Κύριε,
η μέρα Σου θάνατος,
 η νύχτα Σου γέννηση,
ο χρόνος Σου ήλιος.
Ριγώ,
φαντασιώνομαι το απεχθές,
οργιάζω κι ως άνθρωπος,
καπηλεύω τη χίμαιρα,
ενσαρκώνω τους έρωτες
και στο όμμα Σου λιώνω.
Εξύψωση ο αναγκασμός.

I alternate, the lost.
Lord,
death is Your day,
birth is Your night,
sun is Your time.
I shiver,
I fantasize the odious,
I rage and as a human,
I monger the chimera,
I incarnate the loves
and in Your eye I melt away.
The compulsion - exaltation.

Ανάγομαι
εν ημέρα του ήθους,
εν ημέρα του πάθους,
της νυχτός ικεσία
η κατάφορτος Σφίγξ.
Εξουσιάζω,
αινίγματα εξασκώ,
Οιδίπους ο άπυλος.

I am uplifted
in the day of ethos,
in the day of passion,
of night the supplication
the burdened Sphinx.
I subjugate,
riddles I practice,
Oedipus the gateless.

Νερά, αγάπες σύνεσης,
αίματα σύλληψης,
ρεύματα γνώσεων,
τέκνα σοφίας.
Και λατρεύω
την ενέργεια πράξη μου,
την απώθηση έλξη μου,
την ελπίδα πιστεύω μου
και της μοίρας μου χρέος.

Waters, loves of prudence,
bloods of conception,
currents of knowledge,
children of wisdom.
And I worship
my energy - action,
my repulsion - attraction,
my hope - belief
and of my fate the debt.

Ημιθανής.
Είμαι η Αινειάς,
επικλητική του ερέβους,
του κάλλους ακμάζουσα
η του Άρεως αρετή.
Αγάπες μου,
ερινύες της τάξεως,
του ελέγχου ιθύνουσες,
εξιλέωσης κρήνες.
Αγάπες μου,
αμαρτίας οι έκδηλες,
οι εισρέουσες τάφου.

Half dead.
I am Aeneas,
invocative of erebus,
of beauty the thriving
of Ares the virtue.
My loves,
furies of order,
of control the makers,
of atonement the fountains.
My loves,
of sin the evident,
of the tomb inflowing.

Και είμαι
ο απέραντος ωκεανός,
η απέραντη θάλασσα,
του άλατος μήτρα.
Η σπερματοκυοφορούσα
γηραιά νεότης,
εννεακαιδεκαετηρίδα
η διαχρονική,
μαργαριτάρι των στεναγμών.

And I am
the vast ocean,
the vast sea,
of salt the womb.
The seminal-gestating
old youth,
the enneadecaeteris
the timeless,
pearl of sighs.

Μην κλαίτε αδέλφια,
μορφές του χαμού,
ο θάνατος έργο του
την άβυσσο έχει.
Πεδίο της ύλης,
ο ναός, βασιλέας ο άναρχος,
ο θεοπεοδότης,
της ουσίας ο αριθμός.

Brothers do not cry,
forms of doom,
death, as its work
the abyss possesses.
Field of matter,
the temple, lawless is the king,
the divine life-giver,
of essence the number.

Διαλογίζομαι·
αναλογίζομαι το αιτιατό.
Κατέρχομαι
και αποταξάμενη
εις την πατρίδα του οίκου μου
ενδημώ.
Και στον επερωτώντα αναφωνώ.
Ιδέτε μου, η νύμφη,
τα πέπλα της σελήνης μου φορώ
και στις περιστροφές
του άντρα του ήλιου μου
θρηνώ και εορτάζω.
Ύλη η συμπαγής, λυδία,
η θεμελιούσα το αχανές.

I meditate;
I contemplate the causal.
I descend
and renouncing
in the motherland of my house
I reside.
And to the questioner I exclaim.
See me, the bride,
the veils of my moon I wear
and at the rotations
of my husband - the sun
I mourn and celebrate.
Compact is matter, the touchstone,
founder of vastness.

Κτίσματά μου αρχέγονα,
λαβυρίνθων μου βάσεις,
κοιτώνες των ιδεών.
Απεργάζομαι·
εν ημέρα σκοτία,
εν ημέρα σοφία,
εν ημέρα λατρεία,
του ακτίστου φωτός.

My primordial buildings,
bases of my labyrinths,
dormitories of ideas.
I prepare;
in the day darkness,
in the day wisdom,
in the day worship,
of the uncreated light.

Και συναινώ
στην αλλοτρίωση της βάσης,
στην κατακρήμνιση των τοίχων
ως αιωνίου του θόλου
κατάρρευση.

And I consent
to the alienation of the base,
to the precipitation of the walls
until the eternal dome's
collapse.

Διάγω επ' αγαθώ,
εθελούσια σύζευξις
των ορίων επέκεινα,
του απείρου του οίκου μου
ως του απόλυτου βάθος.
Ενδοκάτοικος των εξωτέρων,
απελθούσα ελεύσομαι.

I live in goodness,
voluntary conjugation
of the limits beyond,
of my house's infinity
to the absolute depth.
Of the outer, the inner resident,
departing, I arrive.

Η υφή των σπερμάτων,
στις μορφές των δραμάτων,
Αμήν.
Η κλαυσίγελως φύση,
των ερώτων τα μίση,
Αμήν.

The texture of sperms,
within the forms of dramas,
Amen.
The laughing-crying nature,
of loves the hatreds,
Amen.

Ευφροσύνη,
αγία εταίρα,
μητέρα του πάθους,
γεννήτρα του λάθους,
του κόσμου αχός.

Ευφροσύνη,
η αειπάρθενος του νου,
η πυρογεννούσα των κυμάτων,
η εξέχουσα των δυνάμεων,
η κυριοτέρα των δεινών.
Κατακλίσεων οι εναγκαλισμοί,
των πλασμάτων οι κίνδυνοι,
των ρημάτων η άρχουσα,
των πνευμάτων η τάξη.

Gleefulness,
holy courtesan,
mother of passion,
procreator of error,
of the world the tumult.

Gleefulness,
the ever-virgin of the mind,
the fire-creator of the waves,
the prominent of forces,
the principal of evils.
Of sprawling the embraces,
of creatures the risks,
of verbs the ruling,
of spirits the order.

Οι ρυθμοί των ανέμων
ιαχές των πολέμων,
Αμήν.
Στων δαιμόνων προτάξεις
οι ευφρόσυνες πράξεις,
Αμήν.

Rhythms of the winds
cries of war,
Amen.
Upon the demons prevailing
are the gleeful acts,
Amen.

Κατηγορώ.
Εγώ, η αλήθεια,
η επάρατος νόσος,
η ακράτητος μέδουσα,
η πετρόθηλη λάβα.
Του εαυτού μου το έκχυμα,
της πηγής μου τ' ανάβρυσμα,
της ζωής μου το κράτος.

I accuse.
I, the truth,
the accursed disease,
the undeterred medusa,
the stone-nippled lava.
Of my self the effusion,
of my source the outpour,
of my life the power.

Κατ' άλμα ενίσταμαι,
κατ' άθλο ελίσσομαι,
κατ' άρθρο ενέχομαι,
κατάδηλος ρύομαι,
κατάφωρος λιώνω.

In leaping, I object,
in feat, I meander
in article, I am charged,
evincible, I protect,
indisputable, I thaw.

Και αινώ.
Κύριε, των δυνάμεων ο Θεός,
ο δικός μου λυγμός,
ο δικός Σου παλμός,
της ψυχής μου κλαυθμός,
της ζωής Σου σφυγμός,
της μορφής μου ασέλγεια κι άλγος.

And I praise.
Lord, of forces the God,
my own sobbing,
Your own pulse,
of my soul the weeping,
of Your life the pulse,
of my form the lechery and ache.

Κύριε,
η θηλυκή μου φωνή
τ' όνομά Σου αινεί.
Ύπαρξη κι ως θρηνεί,
ύλη και ουρανοί,
της αλύσου διέλευση,
προβολή Σου το φάσμα.

Lord,
my feminine voice
Your name praises.
Existence and grieving,
matter and heavens,
of the chain's crossing,
the spectrum of Your projection.

Θάλπω την ένταξη,
εμπεριέχω το αχανές,
του βίου η έρπουσα
νυμφώνος ακμάζουσα,
του ονείρου η δέουσα
η Άρτεμις άλκη.
Κυρία η επωδός,
Δέσποινα του σκότους,
η του Άδου αδόμενη,
των θαυμάτων νυχτός.

I nurse the integration
I encompass the vast,
of life the creeping
of the bridechamber thriving,
of the dream the proper
Artemis, the elk.
Lady the refrain,
Matron of darkness,
of Hades the sung,
of wonders the night.

Ανατολή.
Η σύγκριση
της φενάκης,
η επείγουσα τύραννος,
αναίτια η ακραιφνής,
η περιχαράζουσα τους κύκλους
του ενιαίου αδήριτου,
της υποτάξεως των παθών.

Sunrise.
The comparison
of deception,
the urgent tyrant,
causeless the untainted,
of cycles the delimitator
of the single irresistible,
of passions the submission.

Μαθός της ανάγκης,
μαθός της αγάπης,
μαθός της φενάκης,
ενέχουσα κύκλου μαθός.

Οίστροι μου άνεμοι,
ροές του βάθους μου,
δίνες του ύψους μου,
στρατιές του ερέβους.

Learner of need,
learner of love,
learner of deception,
of a cycle partaker, a learner.

My inspiring winds,
flows of my depth,
vortices of my height,
armies of erebus.

Επιβεβαιώνομαι.
Κύκλος ο υλικός, ο ακατάπαυστος,
ο άρχων των ουρανίων πνευμάτων,
ο υπαίτιος της άνωσης και της πτώσης,
αναλισκόμενος των μεγίστων αστήρ,
ο παθός.

I am confirmed.
Cycle the material, the unceasing,
the ruler of heavenly spirits,
the perpetrator of the ascent and the fall,
the star, consumed with the greatest,
the sufferer.

Σοφία η λογική,
η πολύεδρος του παντός.
Αρχιτεκτονική,
πυραμίδα πανάρχαιος
η κορύφωση του όντος.

Wisdom is the logic,
the polyhedron of all.
Architecture,
ancient pyramid
the culmination of the being.

Διδάσκω.
Το ανεπίδεκτο κατηχώ.
Διατάσσομαι και οδηγώ
τα των ριζών φυτρώματα
και των μίσχων μου τ' άνθη.
Ελεήμων περιχαρής,
ακμάζουσα η αμάραντος
του αρώματος αίσθηση,
της αφής απαλότητα,
της θεώσεως όραση,
των χρωμάτων αρίστη η Ίρις.

I teach.
The incorrigible I catechize.
I am ordered and I guide
the shoots of roots
and of my stems the flowers.
Mercifully overjoyed,
flourishing, the unwithered
of fragrance the sense,
of touch the softness,
of deification the vision,
Iris, of colors superb.

Και επέκεινα ιδιότητας
αρμονία του κλέους,
ευδαιμονίας η εκστατική
θεά της απολυτότητας,
η αρρενόθηλος Μονάς
κραταιοτέρα του γίγνεσθαι ύλη.

And beyond quality
the harmony of glory,
bliss ecstatic
goddess of absoluteness,
the androgynous Monad
strongest of the becoming matter.

Θρήνος των ποταμών.
Αιτώ,
διατάσσομαι και διεκδικώ.
Μυρίων αστέρων, απείρων ηλίων,
των βασιλείων μου τα δικαιώματα
απαιτώ.

The mourning of rivers.
I request,
I am ordered and I claim.
Of myriad stars, infinite suns,
of my kingdoms the rights
I demand.

Και ηγούμαι·
μοναστηρίων των πύρινων,
των ατομικών μου εκκλησιών,
των ιερών μου το άβατο,
πηγών μου αστείρευτων,
έως υδάτων δικαίωσις,
ποταμών μου το άναρχο,
άχραντο πνεύμα.

And I lead;
of fiery monasteries,
of my individual churches,
of my sacred the unpassable,
of my limitless fountains,
until of waters the vindication,
of my rivers, the lawless,
immaculate spirit.

Παιανίζω.
Ψάλλω τον συριγμόν,
άσμα ασμάτων,
των ιερών μου όφεων η μελωδός.
Ρίγος ασίγαστο,
ενέργειας έκβαση,
πυρός η άνωση,
Θεός της όψης,
ουσία του εικονισμού
η απαράθετος.

I chant.
The hissing I sing,
song of songs,
of my sacred serpents the melodist.
Shiver unappeased,
of action the outcome,
of fire the ascent,
God of the aspect,
essence of imaging
the uncomparable.

Κύριε,
η λαβούσα ονειδισμό.
Κύριε,
η τεκούσα τον λυρισμό.
Ιερών αμερίστων,
των ναών των ακτίστων,
Αμήν.
Των λαών των αφύλων,
των πυλών των απύλων,
Αμήν.

Lord,
of taunt the receiver.
Lord,
of lyricism the bearer.
Holy undivided,
of temples the uncreated.
Amen.
Of peoples the raceless,
of gates the gateless,
Amen.

Καταγωγή.
Η εκ του αφάτου ορατή,
η απρόσιτος.
Οστά και σάρκα,
αίμα και πνεύμα,
σοφία, αγάπη,
ύλη η άυλος,
μητέρα πατρός.

Origin.
Visible of the ineffable,
the unreachable.
Bones and flesh
blood and spirit,
wisdom, love,
matter immaterial,
mother of the father.

Αρχέγονη η αφεαυτής
η πυρ ρέουσα,
των συμπάντων Σου η δημιουργός,
ηλιοτεκούσα μητροφανής,
η θαυμάζουσα απείρων
των πνευμάτων Σου ύλη.

Primordial in herself
the fire flowing,
of Your universes the creator,
sun-bearing apparent mother
of infinites the admirer
of Your spirits matter.

Του ελέους Σου κρήνες
οι αστείρευτες μνήμες,
Αμήν.
Των πηγών Σου τα βάθη
των πηγών μου τα πάθη,
Αμήν.
Εξανίσταμαι.
Ελέους ο ιλασμός,
στην επανένταξή μου
διπρόσωπος η καταφορά
και ελίσσομαι...

Of Your mercy fountains
the endless memories,
Amen.
Of Your fountains the depths
of my fountains the passions,
Amen.
I expostulate.
Of mercy the atonement,
in my reintegration
duplicitous is the outrage
and I meander...

Κύριε,
των σωμάτων Σου ύπαρξις,
των πνευμάτων Σου σύμπραξις,
των συμπάντων Σου τάξις.
Ύλη η περιφλεγής,
ύλη ανάγουσα,
ύλη η άγουσα,
ύλη η άρχουσα,
ύλη υπάρχουσα ανυπαρξίας.

Lord,
of Your bodies the existence,
of Your spirits the union,
of Your universes the order.
Matter the fiery,
matter uplifting,
matter the inducer,
matter the ruling,
matter existing of nothingness.

Ελεγεία!
Η ελεγεία μου γνώση,
η ελεγεία μου φύση,
ελεγεία ζωή.
Ελεγεία μου γλώσσα,
ελεγεία μου ο χαιρετισμός.

Elegy!
My elegy knowledge,
my elegy nature,
elegy life.
My elegy the language,
my elegy the salutation.

Χαίρε, των αοράτων μήτρα κενή.
Χαίρε, η των ασμάτων εωθινή.
Χαίρε, ηλιοτέρα των μυστηρίων.
Χαίρε, αξιοτέρα των μεγαλείων.
Χαίρε, Συ των ρευμάτων οργιασμός.
Χαίρε, Συ των χωμάτων ο οργασμός.
Χαίρε, ύλη αείτροφος.

Hail, vacant womb of the invisible.
Hail, matutinal of chants.
Hail, of mysteries the sunniest.
Hail, of glories the worthiest.
Hail, You of currents the orgiastic celebrations.
Hail, You of soils the orgasm.
Hail, matter ever-nurturing.

Χαίρε, εκδηλοτέρα των πειρασμών.
Χαίρε, μεγαλυτέρα των διχασμών.
Χαίρε, η αγαπημένη των εραστών.
Χαίρε, η ερωμένη των υλιστών.
Χαίρε, η του νυμφώνος θήλεια γη.
Χαίρε, η γαλουχήτρα των ουρανών.
Χαίρε, ύλη αείκρουνος.

Hail, the most manifest of temptations.
Hail, the greatest of divisions.
Hail, of lovers the beloved.
Hail, of materialists the mistress.
Hail, of the bridechamber the feminine earth.
Hail, of heavens the nurturer.
Hail, matter ever-flowing.

Χαίρε, φύση του χάους οι δοξασμοί.
Χαίρε, η αιωνία θεία αυγή.
Χαίρε, ύλη αείφωτος.

Hail, nature of chaos the glorifications.
Hail, the eternal divine dawn.
Hail, ever-lighted matter.

Dimitris Kakalidis

Dimitris Kakalidis was born in Athens in 1943. From a young age he delved into philosophy and poetry. His poetic work includes the poetic trilogy "The Concealed Lotus of Manifestation", "Fallen Paradise Holy Matter" & "Logos the Third", the poetic collections "Incentives I" & "Incentives II" as well as the book "Alalum and Hallelujah", which he co-wrote with the poet Dimitris Karvounis. He has written two volumes with analyses of poems and short stories of contemporary Greek writers, the "Wisdom of the Short Story" and "The Wisdom of the Poem"; he uses an innovative method of analysis which has been described by the Greek spiritual world as a worldwide "first" for Greece. His book "The Revelation of the Entity" is a compact form of his philosophical perception of Humanity and Life. This perspective, along with its practical implementation, is what he conveyed through Omilos Eksipiretiton (The Servers' Society), a school of thought that he founded in Athens in 1980. Since then it functions unceasingly, deepening into all philosophical currents and seeking for their essence, with the ultimate goal of improving everyday life of the contemporary human being.

Presentations of his work have been held by the Philological Association "Parnassos", the "Hellenic Literary Society" and "The Panhellenic Union of Writers", while the literary world of the country has received his work and contribution to Greek literature with the most favourable of reviews. He passed away in 1995. Extracts of his books are still being published in literary magazines and poetic anthologies. The pioneering method with which he analyzes the works of poets and writers – the "Kakalidis Method", as the writers themselves have named it – is being presented by Omilos Eksipiretiton in academic and literary conferences internationally. University professors and writers from around the world have shown great interest in this method.

MEGAS SEIRIOS PUBLICATIONS
English Editions

The Concealed Lotus of Manifestation
Fallen Paradise Holy Matter
Logos the Third
a poetic trilogy by Dimitris Kakalidis (bilingual edition)

Incentives I & Incentives II
poetic collections by Dimitris Kakalidis (bilingual edition)

The Revelation of the Entity
by Dimitris Kakalidis

The Wisdom of the Poem
by Dimitris Kakalidis

Spiritual Healing,
A human potential in theory and practice
by Klairi Lykiardopoulou

The Master [1],
First Concepts – First Experiences
by Klairi Lykiardopoulou

The Path from Fear to Fearlessness
by Ioanna Dimakou

Individuality Unity Monad
by Klairi Lykiardopoulou

Seeking... from Alpha to Omega,
Synthesis of Science and Philosophy
by Mina Gouvatsou-Karekou

I Will be Here (poetry)
by Paraskevi Kostopetrou

• **Small Temples on a Wave** (poetry)
• **Fiery Notion** (poetry)
by Vassiliki Ergazaki

Experiences of a Spiritual Healer
by Kiki Keramida

...And the Shadows Became Light
by Klairi Lykiardopoulou

You can Open Your Eyes Now
by Ade Durojaiye

Greek Editions

Dimitris Kakalidis

- The Wisdom of the Poem
- The Wisdom of the Short Story

Poetic Trilogy:
- The Hidden Lotus of Revelation
- Fallen Paradise Holy Matter
- Logos the Third

Poetic Collection:
- Incentives I
- Incentives II

- The Revelation of the Entity

Klairi Lykiardopoulou

- Woman - Exploring her Position and Role in Society
- Man - Exploring his Position and Role in Society
- Couple - Exploring its Position and Role in Society
- Spiritual Healing, *A human potential in theory and practice*
- The Master [1], *First Concepts – First Experiences*
- The Master [2], *The Awakening of the Soul*
- The Master [3], *Processes of the Mind*
- The Master [4], *Accomplishment – Spiritual Healing*
- The Knowledge of the Educator
- The Power of the Woman
- Man and Money, *A philosophical study of their relationship*
- Individuality Unity Monad
- The Family Circle
- The Sacred Task of the Soul
- The Heart of the Earth, *Imaginary Short-stories to give Light to our Planet!*
- The Diachronic Master [1], *Seeking the Knowledge in simple thoughts and deeds*
- The Diachronic Master [2], *Discipleship in the Eternal Truths*
- The Diachronic Master [3], *The Power of Love*
- The Diachronic Master [4], *Our Hidden and Apparent Self*
- ... And the Shadows became Light

Dimitris Karvounis – Dimitris Kakalidis

Alalum and Hallelujah (poetry)

Dimitris Karvounis
- The Crypt and the Nest (and other stories)
- Lilian
- My Spirit Crucified (poetry)
- The Eternally Collected (poetry)

Ninon Dimitriadou-Kampouri
Fear Not, Day is Breaking! (poetry)

Ioanna Dimakou
The Path from Fear to Fearlessness

Kiki Keramida
Experiences of a Spiritual Healer

Petros Panteloglou
The Road I Chose
A Professional Driver's Path to Spirituality

Mina Gouvatsou-Karekou
Seeking... from Alpha to Omega
A Synthesis of Science and Philosophy

Vassiliki K. Ergazaki
- Small Temples on a Wave (poetry)
- Fiery Notion (poetry)
- For the Flowers to Sing (poetry)

Dionisis Dimakos
Flows of Reflection and Heart (poetry)

Paraskevi Kostopetrou
I Will be Here (poetry)

Ade Durojaiye
You Can Open Your Eyes Now

CPSIA information can be obtained
at www.ICGtesting.com
Printed in the USA
BVHW081645080819
555425BV00005B/174/P